猴　戲

魯竹小說十四行選集

魯　竹著

文史哲出版社印行

國家圖書館出版品預行編目資料

猴 戲：魯竹小說十四行選集 / 魯竹著. --
初版.-- 臺北市： 文史哲, 105.11
頁; 公分
ISBN 978-986-314-381-9

851.486 105025361

猴戲：魯竹小說十四行選集

著 者：魯 竹
印 行 者：文 史 哲 出 版 社
http:// www.lapen.com.tw
e-mail：lapen@ms74.hinet.net
登記證字號：行政院新聞局版臺業字五三三七號
發 行 人：彭 正 雄
發 行 所：文 史 哲 出 版 社
印 刷 者：文 史 哲 出 版 社
臺北市羅斯福路一段七十二巷四號
郵政劃撥：16180175 傳真 886-2-23965656
電話 886-2-2351-1028 ， 886-2-2394-1774

實價新臺幣一六〇元

中華民國一〇五年（2013）十一月初版

ISBN 978-986-314-381-9 09133

猴戲：魯竹小說十四行選集 目次

猴年牛仔猴戲

猴年牛仔猴戲

1

打造山寨民主
大小政客博弈
設局 軍火商煽火
大政客授子
定石 落子
小政客是棋子

5　猴年牛仔猴戲

Political game
Paradox process
Play double standard

如何維持現狀
導彈　空襲
打劫　躲閃在
模糊空間　等待
收官　棄子　No solution

魯竹／Luzhu　2016.08　柯羅拉多高原　愛心居

2

打造山寨民主
大小政客博弈
設局　軍火商煽火
政客授子
定石　落子
游客是黑子
經濟
　　時差
　　　　時空
問題　問題

如何翻棋譜
導彈 空襲
打劫 等待
收官 棄子……

魯竹／Luzhu 2016.08 柯羅拉多高原 愛心居

3

核擴散 沒核擴散
「地球不發燒」
誰在不斷散謊言

假情報沙漠星戰有理
還佔領油井打造傀儡

五角玫瑰為啥傷亡
仙人掌為啥打遊擊
誰在打造沙塵暴孤兒

情報 38度線上有氫彈
擁抱意識雙重標準
抱怨爲啥七成人不信
不信那被曲解的兵法

伊朗聽話　金三代不聽話
誰在不斷辯證真話

魯竹／Luzhu　06.05.03　柯羅拉多高原　愛心居

4

大自然生氣
地球在發燒

一陣風颳走万人生命
幾億預算

火山小爆万人往生
地牛小翻身万人傷亡
幾十億美金救不了災

人造颱風土石流

十年浩劫未了
人造沙塵暴千億美金
十四年星戰 玫瑰遠征
挑戰自殺炸彈
千萬難民怨 怨未了
人造廢墟百姓遭殃何時了

魯竹/Luzhu 06.05.28 柯羅拉多高原 愛心居

5

市場　變　市場
市場詭譎　在亂碼
情報　野風野火
人頭　多頭空頭
投資投機市場

姓資的姓社的
霸道自由　空襲
跨世紀星戰沙漠
演海戰挑郵太平洋

導彈　核彈　氫彈
自殺炸彈不了情
五角玫瑰挑戰仙人掌
雙重標準　風≮平等
恐怖反恐怖市場十四行

魯竹／Luzhu　2016.01.06　柯羅拉多高原　愛心居

6

生有時
命有時
意識 情緒
一念之差

邪風下
廣場自殺
校園情仇
市場血案

西方槍彈

空襲文化
星戰沙漠
霸道自由
恐怖　反恐怖
誰　在打造難民

魯竹／Luzhu　2015.10　柯羅拉多高原　愛心居

7

獅虎好肉食
羊兔喜青草
山晠野菜　魚村農家樂
放鬆褲帶
美國人均每年吃肉二百磅
街頭胖子愈来愈多
新世紀低頭族
童年糖尿
青年高雄血壓

有人欣賞楊玉環
有人羨慕長壽村
養生之道
誰　誰能洸明白
落實　做得到

魯竹／Luzhu　2016.08　柯羅拉多高原　愛心居

8

猴年稅月
象驢競爭
稅　稅　稅

官商博奕
打劫
經濟不平等
劫　劫　劫

減稅　躲稅
增稅　簡稅

口水待風化

空襲沙漠
美金失血
華府秀馬戲
報稅十四行

魯竹／Luzhu 2016.04.05 柯羅拉多高原 愛心居

9

難得藍天白雲
彩色旗幟飄揚
人造綠草地上
超級橄欖球賽

獸與獸仔競爭
一甲子傳統博奕

掏金人頭
多頭在金山市場
門票＄2,900

21　猴年牛仔猴戲

牛飆＄9,000
野馬勇擒豹子　似戰場
豹子錯在陣前失蹄
野馬防禦得逞　若商場
猴年超級橄欖球

魯竹／Luzhu　2016.02.08　柯羅拉多高原　愛心居

10

猴年馬戲　一
節目不斷洩密
白宮情報走私黑道
白道電郵破窗之後
恐襲　空襲
黑客　挑戰政客

跨世紀星戰
黑白　是非
境外打油井
紙包公司游資
沙漠打游擊

巴拿馬文件洩密
官商政治經濟角力
猴年馬戲十四行

魯竹／Luzhu 2016.04.11 柯羅拉多高原 愛心居

11

人聚人散
風起風落
政治秀派對
政客冇黑白
是非有色彩
票房有乾坤

白馬黑馬野馬
公馬婆馬
馬仔抬轎
嘶唱花旗馬戲

黨團意識
所謂「國家利益」
變場變臉變戲法
異類馬戲十四行

魯竹／Luzhu 2016. 03.14 柯羅拉多高原 愛心居

12

秋水悠悠
驢族與象族
等待變天

星戰沙漠之後
打造山寨民主
打造千萬難民

五角牛仔牛婆
不甘寂寞
忽然　忽悠
轉悠南海

27 猴年牛仔猴戲

波多莫克河在詠嘆
政客近視風月
反恐　空襲
在模糊空間

魯竹／Luzhu　2016.10　柯羅拉多高原　愛心居

13

詩作不是科學
翻譯語文是藝術
難得譯詩有成就
太多直譯
或是意譯
詩有時
譯有時
時代背景
譯詩取捨
各國版本
比較高低
在語言

在才氣
在歷練

魯竹／Luzhu　12.03.16　柯羅拉多高原　愛心居

14

生有時　運有時
林來瘋有時
坐冷板凳有時
紐約瘋有時
市場癲有時
球場股價無常
球隊教練無奈
NBA 鐵規無情
高薪明星上場

31 猴年牛仔猴戲

豪小子失常
三角戰術失防
尼克六連勝
之後　六連輸
信不信由你

魯竹／Luzhu　12.03.18　柯羅拉多高原　愛心居

故事

故事

1

新聞　故事
老人物
北京有故事
了不了的
學雷鋒
為了大我
台北有故事

也是上世紀的
故事
紀念雷震
為爭自由

想當年黨國
思如今為人
道德文章

魯竹／Luzhu　12.03.04　柯羅拉多高原　愛心居

2

牛仔打油井
井井有故事
霸道自由
境外自衛
星戰了的
三兆美金國債
沙漠了的民主
政瑰挑戰
仙人掌
顛覆可蘭經
經政失調

37 故事

不平等　教育
民主了的獨裁
戰爭有故事

魯竹／Luzhu　12.03.16　柯羅拉多高原　愛心居

3

戰爭有故事
軍火商行動
官商勾搭

和平有故事
嗆聲上廣場
游行　靜坐

汽車城有軍車
景氣
牛肉城有故事

買賣
崋府北京台北
了不了軍購
了不了牛肉昀
故事

魯竹／Luzhu　2016.08　柯羅拉多高原　愛心居

4

沙漠有故事
戰爭了不了
廣告

駱駝煙　軍火
煙土　打油井
了不了的黑金
垃圾

市場有故事
風化了的市場

41 故事

預算不了南風
美金失血
預言不了市場
上上下下
貪婪的故事

魯竹／Luzhu　12.03.19　柯羅拉多高原　愛心居

5

洋流有風水
風水了不了的
江湖
江湖了不了的
風景　風雲
風雲了不了的
江山

意識了不了的
風水激情
人治　法治

43 故 事

了不了的意識
非洲民主　俄國民主
兩岸　島嶼半島氏主
了不了的故事

魯竹／Luzhu　12.03.09　柯羅拉多高原　愛心居

6

政客無能
未來無知
辯證了不了
魚腥

不識漁事
不識洋流
不識風向
不能釣魚

了不了的

45 故事

無聊軍演
了不了的
水仗氤氳
按劇本演出
在東海南海

魯竹／Luzhu　2016.08　柯羅拉多高原　愛心居

打油井

打油井

小說十四行

1

五角牛仔霸道
自由
星戰沙漠打油井
五角玫瑰挑戰
沙漠仙人掌
自殺炸彈打游擊
恐怖　反恐　空襲

49 打油井

打造千萬難民
礦工頭頂上的
礦燈
在黑暗的坑道
打井探索
爆破　碎石留影
引詩

魯竹／Luzhu　2016.08　柯羅拉多高原　愛心居

2

礦工說 打油井開礦是冒險
十口井有九口井是空井
或是冒一點兒氣與油的井
根本沒開採價值

地下地質構造複雜
地層岩性軟硬壓力無常
再加造山運動後遺斷層

鋼管機件鏽蝕疲勞
打一哩高深井更難控制

51　打油井

漏氣漏水漏油意外
政客說　一切在管理
風險預防與危機處理
科技工程不是政治藝術
國會山莊辯證不了漏油情報

魯竹／Luzhu　10.06.06　柯羅拉多高原　愛心居

3

債 債 債
融資了不了的債情
希臘葡萄牙西班牙
透明不了的歐元債

透支了的超貸了的
預算 咋 咋 咋
國債州債縣市債

賠還不了的公司私人債
加州一年虧空百億美金

誰 誰不在乎債
咋 咋不在乎債

政客不在乎 稅民在乎
下一代子孫肯定在乎
債 債 債 誰能說明白

魯竹／Luzhu 01.05.25 柯羅拉多高原 愛心居

4

風雲了不了的九月
地震了的風颱了的
海嘯了不了的九月

人造沙塵暴人造廢墟
瘋鷹撞雙子星大樓
五角牛仔霸道自由

反恐自衛
的星戰　黃玫瑰刺
刺不了仙人掌

了不了自殺炸彈
打油井不了
打遊擊的九月

金融海嘯不了市場
美金失血了的九月

魯竹／Luzhu　09.09.09　柯羅拉多高原　愛心居

5

練武功在沙漠
霸道不了自由

琵琶別抱
武功不了的色戒

沙地宣告
花旗遠征軍變色
非法侵佔伊拉克
花心五角牛郎
不斷移情別戀

在沙漠
犯了色戒的武功
打造不了玫瑰傀儡
打油井　打不了
自殺炸彈遊擊戰

魯竹／Luzhu　10.06.15　柯羅拉多高原　愛心居

註：

1. 美英兩國為石油資源及以色列利益，在中東經歷跨世紀外交恩怨，引起無數區域性內戰及沙漠星戰。
2. 新聞報廣播（070329）沙地阿拉伯國王說，美軍在伊拉克是非法佔領。
3. 柯羅拉多州議會辯證國民兵責在保衛本土，不再遠征沙漠打遊擊戰。
4. 聯邦眾議院參議院通過議案，反映民意，限期美軍自伊拉克撤兵。

6

駱駝說 是否流年不利
巴格達五年沒春天
假情報了的海域打油井
真情報了的經濟打遊擊

五角玫瑰刺不了仙人掌
狂言阿富汗鴉片豐收
約翰牛仔還在霸道自由
新十字軍打造玫瑰傀儡

金融海嘯的春季沒戲法

高價石油肥了官商
反恐囂張了的貪腐
披袈裟的假喇嘛上街頭
駱駝說 平等不了种族
境外吶喊不了自慰民主

魯竹／Luzhu 10.06.16 柯羅拉多高原 愛心居

7

人造歷史 假情報
人造沙塵暴 廢墟
打造不了美金傀儡
打不了境外沙漠油井
打造了萬户孤兒寡婦

謊言不了閔打莫營
謊言不了的虐囚
情報了的人證物證

謊言不了的栽贓

風景了的真假廣告
風化了的虛實情報

謊言了的假情報
謊言不了的泡沫
泡沫了的政客在掙扎

魯竹／Luzhu　10.06.208　柯羅拉多高原　愛心居

8

賓州油井加州德州油井
標準石油美孚石油
雪佛龍德士古石油
貝殼石油大英帝國石油
了不了的境外打油井

米字旂在伊朗打油井
在沙地阿拉伯打油井
花旗在伊朗在伊拉克
在庫威特在阿富汗打油井
打造沙漠牛仔偶像風景

老布希星戰了的打油井
小布希星戰不了的打油井
奧巴馬蕭規了的打遊擊
反恐曹隨了不了的打油井

魯竹／Luzhu　柯羅拉多高原　愛心居

9

成吉思汗鐵騎跨過
鐮刀紅旗飄過
荒山峻嶺打游擊
年年鴉片豐收

軍火商了的牛仔打油井
了不了的意識型態
花旂了不了的反恐怖
了不了的擒兇記

五角牛仔聯軍星戰軍訓

不了的阿富汗玫瑰民主
數計不了不透明選票
皇親國戚了的貪腐

統帥司令官政客人治
法治不了的九年戰爭

魯竹／Luzhu 10.06.25 柯羅拉多高原 愛心居

10

失血了的美金
沒身價　沒勁
與人民幣討價還債

華爾街蕭條　房事
次貸未了失業率挺高
迷離了的零售市場

政客沒錢打不了仗
自殺炸彈打遊擊
境外打不了油井

地牛能不翻身
境內海井能不井爆

白宮流年不景氣
難能應付網路連線了
不了透明不了的民調

魯竹／Luzhu　10.06.07　柯羅拉多高原　愛心居

11

自從不明不白
掉了心愛領帶之後
油商老懷疑
二奶有外遇

＊＊

老爸想抱孫子
經理兒子老不想成家

＊＊

一天，油商回老家

剛飛出虹橋機場
當天又折返虹橋

回到金屋藏嬌処
不見二奶在臥室
發現床沿有失落領帶

＊＊

浴室傳來兩人嬉鬧聲
其中一人似兒子聲音……

魯竹/Luzhu 10.06.27 柯羅拉多高原 愛心居

12

花旗文化自由
了不了的感恩
紐約州長愛狎逛人肉市場
了不了的野馬牧場

阿扁之子愛嫖抓神女青睞
了不了的「悲情牌」
高票上臺「凍蒜」議員

島嶼文化民主
的貪迷黑金
槍手了不了的本土化

花旗民主與島嶼文化
紀念感恩
的名利遊戲
了不了的一場亂世肥皂劇

魯竹/Luzhu　10.11.28　柯羅拉多高原　愛心居

13

一個不該打的戰爭
可避遛的戰爭

浴血九年的
戰爭
佔領不了的
沙漠
佔據不了的
打油井
自殺炸彈了不了的
打游擊

73　打油井

油價暴漲
美金失血
逗留不了的沙漠
撤兵　撤　撤　撤

魯竹／Luzhu　11.12.21　柯羅拉多高原　愛心居

14

霸道
了不了自由
戰略失控
撤撤撤
了不了的
撒兵
在沙漠
五角玫瑰
打不了油井

打游擊
刺
不了仙人掌
從巴格達
到大馬士革

魯竹／Luzhu　柯羅拉多高原　愛心居

15

跨世紀星戰霸道
打油井
了不了
的操兵

東京首相拜神社
東條陰魂復出

皇軍借牛仔
東海演習
登陸戰挑
台北一離島

北京沙盤
觀察遠眺
誰在主導
誰是漁翁

魯竹／Luzhu　12.08.28　柯羅拉多高原　愛心居